AF206204

ISHVARA HEALING MEDITATION

Die Kunst der Langlebigkeit

Dawio Bordoli und Maria Theresia Bitterli

1

Wir danken Anja Käthner und Alex Dawson herzlich für ihren wertvollen Beitrag.

FSC
www.fsc.org
MIX
Papier aus ver-
antwortungsvollen
Quellen
Paper from
responsible sources
FSC® C105338

Erste Auflage 2019

© studio Ishvara

studioishvara@hotmail.com

Herstellung und Verlag:

BoD – Books on Demand,

Norderstedt

ISBN: 9783750425132

Zusammenfassung

Einführung

Die Hoffnung, ewigen Existenz zu erreichen, ist der Traum des Menschen. Seit Jahrhunderten hat die Wissenschaft viel Geld in die Forschung investiert, die neue Medikamente, Techniken, Werkzeuge und Methoden untersuchen, die, wenn nicht für immer zumindest so lange wie möglich und bei guter Gesundheit die Menschen leben lassen könnten.

Während Ernährung wichtig ist, ist auch das Gefühl der Zugehörigkeit zu einer Gemeinschaft relevant. Es gibt mehrere Gebiete auf der Welt, in denen die Bewohner länger und gesünder leben als in anderen Teilen der Erde. Zum Beispiel ist Okinawa[1] in Japan einer der Orte, wo die Menschen am längsten leben und die über hundertjährigen Menschen, die dort

---

[1] https://www.lastampa.it/cultura/2012/02/16/news/il-segreto-di-okinawa-br-l-isola-dove-si-vive-fino-a-cent-anni-1.36500997

leben, sind weniger von den degenerativen Krankheiten betroffen als andere Länder. Die am meisten betroffen Krankheiten sind Herz-Kreislauf-Erkrankungen, verschiedene Arten von Krebs und Osteoporose. Das Geheimnis von Okinawas Langlebigkeit liegt im Lebensstil. Ihre Ernährung beinhaltet gesunde und kalorienarme Lebensmittel wie Getreide, Soja, Fisch, Gemüse, Obst, Gewürze, Kräuter, Tees und dem Bewusstsein, dass sie immer noch wichtig und notwendig für die Familie und die Gemeinschaft sind. Sie sollten Freude und Spass am Leben haben und arbeiten können.

Es ist offiziell anerkannt,[2] dass in China ein Mann, Herr Li-Ching Yun, bis 256 Jahre alt wurde. Es wird gesagt, dass ihn eines Tages der Reichsführer Wu Pei-Fu-

---

[2] http://www.absurdityisnothing.net/2010/03/il-mistero-di-li-ching-yun-luomo-che-visse-256-anni/

besuchte, und ihn fragte, was das Geheimnis einer solchen Langlebigkeit sei. Die Antwort des Mannes war: "Haltet euer Herz ruhig, sitzt wie eine Schildkröte, geht fröhlich wie eine Taube und schläft wie ein Hund." Wir haben versucht, diese Aussage so zu interpretieren wie folgt: "das Herz ruhig halten" könnte bedeuten, sich nicht zu sehr zu stressen und sich nicht zu sehr von starken Gefühlen und Emotionen leiten zu lassen. Stattdessen könnte mit "Sitzen wie eine Schildkröte" eine Einladung zum Meditieren gemeint sein, sich die Zeit zu nehmen, still zu sitzen und stehen und zu lernen, die Schönheit des Lebens zu betrachten. Mit "fröhlich wie eine Taube gehen", könnte gemeint sein, sich immer mehr mit körperlichen Aktivitäten zu bewegen, die uns helfen, unseren Körper und Geist gesund zu erhalten. Die Taube steht symbolisch für Freundlichkeit, Freude und des Pflegens von friedlichem Beziehungsumgang. Und wenn wir, wie Herr Li-Ching Yun es uns empfiehlt, aus unserem Spaziergang und unserem Leben, ein freudiges "Tun" machen, dann ist es auch sehr wichtig, positiv zu denken und zu sein. Schliesslich führt "schlafen wie ein Hund" dazu, dass wir lernen, an jedem Ort wie das Hunde tun, immer tief zu schlafen und alle täglichen Sorgen aufzugeben.

Für die meisten Menschen ist es im Allgemeinen sehr schwierig und selten, im Verlaufe der Jahre eine bessere Gesundheit erhalten zu können. Es ist sehr anstrengend, bestimmte Gewohnheiten zu ändern, die nicht gut für die Gesundheit sind, auch weil wir ständigem Stress ausgesetzt sind.

In den nächsten 5 Kapiteln werden wir uns mit einigen wichtigen Fragen der Gesundheit und der Kunst der Langlebigkeit befassen. In jedem Kapitel findet ihr eine

Einführung zu den verschiedenen Themen und dann einen ausführlichen Blick auf Ishvara. Wir erklären, was Ishvara Healing Meditation ist und werden dann mit einem kleinen Finale abschliessen

Die häufigsten Krankheiten der Welt[3]

"Die WHO hat sie als unsichtbare Epidemie bezeichnet: eine breite Palette langsamer und fortschreitender Entwicklungskrankheiten, die die häufigste Todesursache in der Welt darstellen, eine wahre "unsichtbare Epidemie". So definierte die WHO chronische Krankheiten. Herz, Atemwege, Krebs, psychische Störungen, Diabetes, gekennzeichnet durch einen langsamen und fortschreitenden Rückgang der normalen physiologischen Funktionen, sind in der Tat die Haupttodesursache vor allem in den Industrieländern. Sie treten oft in jungen Jahren auf, aber bevor die Symptome erkannt werden, können viele Jahre vergehen. Neben den Merkmalen wie das Altern und genetische Veranlagungen, sind in der Tat, ungesunde Ernährung, Tabak- und Alkoholkonsum und wenig Bewegung sehr oft die Ursache dieser

---

[3] https://www.wired.it/attualita/2016/11/26/malattie-croniche-diffuse/

Pathologien. Ungeeignete Lebensweisen und Gewohnheiten können die Entwicklung chronischer Krankheiten, die so genannten mittleren Risikofaktoren, Bedingungen wie Bluthochdruck, hoher Blutzucker, nicht-normale Cholesterinwerte und Fettleibigkeit erzeugen."

Wie ist es möglich, dass es all diese chronischen Krankheiten noch gibt, zu einer Zeit, wo verschiedene Gebiete der Medizin an vorderster Front zu stehen scheinen?

Ishvara: Die verschiedenen Gebiete der Medizin sind in Ordnung, aber es ist die Gesellschaft, die krank ist.

Was führt dazu, dass die Gesellschaft krank ist?
Ishvara: Die Werte sollten geändert werden.

Welche Werte meinst du?

Ishvara: Eine Gesellschaft, die auf den Werten des Konkurrenzkampfes aufgebaut ist, erzeugt eine Flut von Krankheiten, die es zu sehen gibt.

Sollte die Gesellschaft also umerzogen werden?

Ishvara: Ja, erzieht Kinder nicht zu Konkurrenzkämpfer um, sondern zu fähigen Kooperatoren oder Zusammenarbeiter.

Sollten sich Erwachsene nicht zuerst ändern, bevor sie Kinder zu diesen neuen Werten umziehen können?

Ishvara: Ja, auch die/der LehrerIn sollten bereit sein, zu lernen und sich zu ändern.

Das Kind lernt von der/vom LehrerIn, aber auch die/der LehrerIn lernt vom Kind?

Ishvara: Ja, so wird die Beziehung tiefer und die Veränderungen prägnanter.

Und wie können wir unser Kind so umerziehen, damit es nicht vom System des Konkurrenzkampfes beeinflusst wird?
Ishvara: Lehrt es sich selbst zu kennen.

Wie bringt man einem Kind bei, sich selbst kennenzulernen?
Ishvara: Es darauf aufmerksam zu machen, was es denkt, sagt und tut.

Das Kind will spielen und hat Mühe, still zu stehen, also wie können wir ihm beibringen, aufmerksam zu sein?
Ishvara: Beobachtet, was es mit Sorgfalt und Liebe tut.

Und wie geht es dann weiter?

Ishvara: Das Kind wird sich beobachtet fühlen, und das wird ihm das Gefühl geben, geliebt zu sein.

Und wird ihm das Gefühl, geliebt zu sein, helfen sich zu beruhigen?

Ishvara: Ja, die Aufmerksamkeit, die ihm geschenkt wird, wird es beruhigen und es wird sich mehr zur Verfügung stellen, euch zuzuhören.

Und die gesteigerte Bereitschaft des Kindes zuzuhören, hilft ihm, besser aufzunehmen, was die/der LehrerIn ihm vermitteln will?

Ishvara: Ja. Es kann kein Lernen geben, ohne zuzuhören.

Bedeutet das, dass es wichtiger ist, zuzuhören?

Ishvara: Ja, die Fähigkeit zuhören zu können, ist die Basis der Kommunikation.

Sobald wir die Bereitschaft vom Kind haben, zuhören zu wollen, wie können wir es aufmerksamer darauf machen, was es denkt, sagt und tut?
Ishvara: Es einladen, sich selbst mehr in dem zu beobachten, was es tut.

Es begleiten und es aufmerksamer machen, in dem was es tut?
Ishvara: Ja, seine Bewegungen und Gedanken benennen.

Wie können wir seine Gedanken lesen? Sollen wir immer empathischer werden?
Ishvara: Ja, fragt und spricht mit ihm.

Sprechen wir hier doch von einem bereits älteren Kind, mit dem wir schon argumentieren können?

Ishvara: Ja, wenn es heranwächst, wird es immer aufmerksamer werden, auf was es denkt, sagt und tut.

Indem wir das Kind immer aufmerksamer machen, auf was es denkt, sagt und tut, helfen wir ihm, sich besser kennenzulernen, das Selbstwertgefühl zu steigern und immer mehr sein Potential zu entdecken?

Ishvara: Ja, und ihr werdet ihn auf seine Konditionierungen achtsam machen.

Woher kommen Konditionen?

Ishvara: Sie stammen aus vergangenen Erfahrungen.

Sind das diejenigen, die uns in unserem Leben erzogen und massgeblich beeinflusst und uns irgendwie unserer Freiheit beraubt haben, auch wenn in guter Absicht, und uns in das geformt haben, was wir heute sind. Sind das die vergangenen Erfahrungen, die uns am meisten in unseren zukünftigen Entscheidungen, die uns irrtümlich glauben lassen, dass wir diejenigen sind, die frei entscheiden, konditioniert haben und die wir loswerden sollten?

Ishvara: Wenn ihr euch von der Sklaverei der Vergangenheit lösst, werdet ihr immer freier.

Der Zweck der Erziehung besteht also darin, uns schon in jungen Jahren zu helfen, unsere Konditionierungen zu erkennen, niemanden nachzuahmen, sondern uns selbst zu sein, um so immer autentische Beziehungen aufbauen zu können?

Ishvara: Die Erziehung sollte den Menschen freier machen.

Was meinst du mit "frei"?

Ishvara: Wenn ihr euch immer mehr eurer Konditionen bewusst werdet, werdet ihr lernen, sie aufzugeben.

Wie kann ein Erwachsener, der nicht so erzogen wurde, diese menschlichen Werte vermitteln?

Ishvara: Liebe und Aufmerksamkeit werden die Disponibilität zum Dialog und zum Lernen schaffen.

Gilt also der Erziehungsprozess des Kindes auch für einen Erwachsenen?

Ishvara: Ja, das ist die Grundlage des Lernens.

Diejenigen, die zu wenig Liebe und Aufmerksamkeit erhalten haben, sind oft mehr auf sich selbst fokussiert und egozentrischer als andere, daher sind sie nicht zu offen für den Dialog. Wie erzieht man sie um?

Ishvara: Sich selbst kennenlernen, wird euch helfen, euren Geist neu umzuerziehen und ihn so unschuldig zu machen wie ein Kind.

Ist ein unschuldiger Geist ein freier Geist?
Ishvara: ja, frei von jeder Konditionierung.

Haben alle Erziehungsmethoden keinen Einfluss auf den Geist des Kindes?
Ishvara: Der Geist reagiert auf vergangene Erfahrungen.

Ist es möglich, ein traumatisches Erlebnis aus der Vergangenheit zu verändern?
Ishvara: Nur wenn ihr es versucht, werdet ihr es herausfinden.

Meinst du mit versuchen, dass man den Geist immer wieder neu umerziehen kann, um freier zu werden?

Ishvara: Die Umerziehung liegt in eurer Verantwortung.

Und auch Verantwortung für die Nichterziehung in jedem Alter und ihre Folgen?

Ishvara: Ja. Die Verantwortung öffnet sich komplexen karmischen Faktoren.

Was genau ist unsere Verantwortung?

Ishvara: Eure Verantwortung basiert auf dem Aufwand, den ihr bereit seid, in das zu stecken, was ihr tut.

Sind wir auch dafür verantwortlich, immer die Wahrheit zu sagen?

Ishvara: Das Werturteil basiert nicht auf absoluter Wahrheit, weil man sie nie vollkommen wissen kann.

Inwieweit können wir uns für unser bisheriges Handeln und die zukünftigen Folgen unseres Handelns verantwortlich machen?

Ishvara: Tut immer euer Bestes, basierend auf euren Möglichkeiten, da die Folgen nicht unter eurer Kontrolle sein können.

Wenn unser im guten Glauben durchgeführtes Handeln negative Folgen auf jemand anderes hat, wirkt sich das dann auf unser Karma negativ aus?

Ishvara: Es hängt von jedem einzelnen Fall ab. Eine gute Absicht reicht sicherlich nicht aus, um euch von den karmischen Folgen zu schützen.

Da wir nicht in der Lage sind, die Folgen unserer Handlungen zu kontrollieren und im guten Glauben handeln, hilft uns dies, keine Schuldgefühle zu haben und so jegliche karmischen Folgen konfrontieren zu können?

Ishvara: Ja, jedoch sollte der gute Glaube nicht als unangemessene Entschuldigung benutzt werden.

Ist es wichtig, immer ehrlich zu sich selbst zu sein?

Ishvara: Ja, seid immer euch selbst.

Können wir überhaupt uns selbst sein?

Ishvara: Nein, ihr könnt nur euch selbst im Hier und Jetzt sein.

Wenn wir uns also unserer falschen Handlungen bewusst werden, die beispielsweise zu einer schweren Krankheit oder einem Unfall geführt haben und unser

Bestes geben, werden wir verantwortungsvoller und aufmerksamer gegenüber unserem Handeln. Könnte diese Handlung ein Wunder wie spontane Heilung geschehen?

Ishvara: Ja, es kann nur dank göttlicher Gnade geschehen.

Worauf kommt es bei der Bitte der göttlichen Gnade an?

Ishvara: Ihr könnt es mit eurem begrenzten Geist nicht wissen.

Da wir multidimensionale Wesen sind, ist es sicherlich sehr schwierig, alle Aspekte unseres Wesens zu kennen und zu kontrollieren, die ebenso viele Folgen für unser Karma haben könnten, und noch schwieriger, wenn nicht sogar unmöglich, die Fürsprache der göttlichen Gnade zu erlangen?

Ishvara: Ja, aber das heisst nicht, dass ihr euch eurer Verantwortung entziehen könnt.

Da wir uns nicht all unserer Aspekte unseres Wesens bewusst sind, ist es sehr schwierig, für unser Handeln in den Parallelwelten verantwortlich zu sein?
Ishvara: Deshalb fangt mit dem an, was ihr in dieser Dimension seid.

Ist es richtig anzunehmen, dass ein gewöhnlicher Mensch in dieser Dimension maximal etwa 10 % seiner Gehirnkapazität nutzen kann?
Ishvara: Macht euch keine Sorgen über das, was ihr nicht wisst, sondern beginnt mit dem, was ihr im Hier und Jetzt seid.

Wenn wir von der Ausgangslage des Hier und jetzt starten, wie können wir uns immer mehr unseres unbewussten Teils bewusst werden, der den Alltag am meisten bestimmt?

Ishvara: Indem ihr euch immer mehr bewusst werdet, wie ihr auf die täglichen Herausforderungen reagiert.

Und das ist nur möglich, wenn man mit anderen in Kontakt kommt?

Ishvara: Sicher, die menschlichen Beziehungen sind der Spiegel, in dem ihr euch selbst erkennen könnt.

Von der Einsamkeit zu authentischen Beziehungen[4]

"Wie der griechische Philosoph Aristoteles (IV Jahrhundert v. Chr.) in seiner "Politik" schrieb, ist der Mensch ein soziales Tier, der dazu neigt, sich mit anderen Individuen zu verbinden und sich in die Gesellschaft zu integrieren.

Viele Menschen lieben es, Spaß zu haben und Kontakte zu knüpfen, aber gleichzeitig fühlen sich viele andere völlig gelassen, wenn sie einfach bei sich selbst bleiben und aktiv nach diesem Raum suchen können. Andere wiederum fühlen sich sehr einsam, es fühlt sich wie ein echter Geisteszustand an, der mit dem Sein oder anderen Menschen getrennt ist. Physisch allein zu sein, geschieht jedem zu bestimmten Zeiten, aber das ist etwas ganz anderes, als das Gefühl der inneren Einsamkeit und Isolation. In diesem Fall gibt

---

[4] https://francescominellipsicologo.it/solitudine-interiore/

es oft ein tiefes Leiden, ein Gefühl der Leere und tiefer Isolation, des Nichtverstehens oder Nichtakzeptiert zu sein. Sich so tief allein zu fühlen, kann bedeuten, sich nicht als Teil der Welt zu fühlen, sich wie ein nichts zu fühlen, obwohl man viel sozialen Kontakt haben oder in einer Beziehung sein kann. Gefühle der Angst, soziale Angst, negative Gedanken und Traurigkeit sind die Folgen. Und manchmal scheint es keinen wirklichen Grund dafür zu geben, sich so zu fühlen.

Einsamkeit kann auch zu einer ernsthaften psychischen Erkrankung werden, die, wenn sie nicht angesprochen wird, zu Angststörungen, Süchten, Depressionen und Beziehungsschwierigkeiten führen kann.

Beim Menschen können echte physiologische Symptome auftreten, wie erhöhter Herzdruck,

Verminderungen der Funktion des Immunsystems, Gedächtnisschwierigkeiten, verminderte Schlafqualität und erhöhtes Stresshormon (Cortisol).

Einsamkeit kann auch entstehen, wenn man viele aber oberflächlich Beziehungen hat, oder wenn wir mehr geben, als wir empfangen und wir uns nicht verstanden fühlen.

Wenn wir Schwierigkeiten haben, Zeit mit uns selbst zu verbringen, kann das auf einen Mangel an Kontakt mit unsren emotionalen Erfahrungen oder Traumata im Zusammenhang mit vergangenen Erfahrungen zurückgeführt werden. In diesem Fall ist es nicht nur die Qualität der Beziehungen zu anderen, die uns dazu bringt, uns alleine zu fühlen, sondern ein Mangel an Kontakt mit uns selbst.

Heutzutage haben so viele Menschen Angst, alleine zu sein, so dass sie sich am Ende für Beziehungen entscheiden (intime oder freundschaftliche), die sie nicht befriedigen oder sie leiden lassen.

Von dem gesamten Spektrum menschlicher Emotionen kann Einsamkeit eine der schwierigsten sein. Es ist ein universelles Gefühl, das in jedem Alter und überall auf der Welt erlebt wird.

Die meisten Menschen beurteilen es negativ, allein zu sein. Es wird dann angenommen, dass, wenn jemand seine Zeit alleine verbringt, diese dann als eine einsame, isolierte Person gesehen wird, die Probleme hat. Gerade in einer Kultur wie der unseren, ist die Familie oft ein wichtiges Zeichen persönlicher Erfüllung.

Die Tatsache, dass ihr traurig seid, weil ein schlechtes Ereignis in eurem Leben passiert ist oder ihr beschlossen habt, Zeit allein in einem Kino oder in einem Restaurant zu verbringen, ist absolut verständlich.

Eure innere Einsamkeit ist euer Führer und der Schlüssel, um aus ihr herauszukommen. Sich selbst nie gekannt zu haben, bedeutet, dass wir noch nie jemanden gekannt haben."

Wie können wir die innere Einsamkeit in Frieden erleben und authentische Beziehungen schaffen, die uns helfen, uns selbst zu erkennen?
Ishvara: Einsamkeit sollte nicht als Isolation erlebt werden, sondern als Gelegenheit, sich immer mehr mit seiner Umgebung zu verbinden.

Wie verstehen wir, was uns umgibt?

Ishvara: Beobachtet mit Aufmerksamkeit und Liebe.

Wenn wir alleine sind und meditieren, beobachten wir, was in und ausserhalb von uns geschieht?

Ishvara: Das ist erst der Anfang, macht weiter.

Warum nur der Anfang?

Ishvara: Weil Meditation seine Früchte im täglichen Leben trägt.

Direkte Erfahrungen mit dem machen, was uns umgibt?

Ishvara: Ja, und so aus der Fülle des Lebens schöpfen.

Und so gehen wir von einem Zustand der Einsamkeit zu einem zunehmenden authentischen und konstruktiven Beziehungszustand?

Ishvara: Ja, nachdem ihr euch selbst kennengelernt habt, werdet ihr lernen, mit anderen in Beziehung zu treten, die für euch ein Spiegel sein werden.

Helfen uns andere zu verstehen, wer wir sind und was wir in uns ändern sollten?

Ishvara: Ja, wenn das die nicht gewollte Veränderung ist, die sich aus einem tiefen Verständnis ergibt.

Was entdecken wir mit einem tiefen Verständnis dessen, wer wir sind?

Ishvara: Sobald ihr euer falsches Selbst entlarvt habt, werdet ihr wiederentdecken, wer ihr wirklich seid, nämlich das wahre Selbst.

Lernen wir, menschliche Beziehungen immer besser zu verstehen?

Ishvara: Bevor ihr euch selbst änderst, müsst ihr euch besser kennenlernen.

Solange wir uns selbst nicht kennen, können wir andere nicht kennen, geschweige denn unser Leben und unsere Gesellschaft verändern?

Ishvara: Das stimmt, jede Veränderung muss direkt bei euch selbst beginnen.

Könnte man sagen, dass authentische Beziehungen aus dem Versuch entstehen, uns selbst versuchen zu verstehen, was auch bedeutet, andere zu verstehen, und dass aus diesem Verständnis die Liebe erblüht?

Ishvara: Das liegt in eurer Verantwortung.

Reicht dieses Verständnis authentischer Beziehungen aus, um Veränderungen in unserem Leben und in der Gesellschaft, in der wir leben, herbeizuführen?
Ishvara: Ja.

Wird die menschliche Beziehung authentisch, wenn wir voll und ganz und mit großer Aufmerksamkeit nicht nur den Worten zuhören, sondern auch der Bedeutung dessen, was gesagt wird?
Ishvara: Natürlich, es gibt kein Verständnis ohne Aufmerksamkeit.

Findet Verständnis nur dann statt, wenn wir mit all unserem Sein zuhören und unserem Geist unsere volle Aufmerksamkeit schenken, wie er auf die täglichen Beziehungen reagiert?

Ishvara: Ohne Verständnis und Beherrschung eures Geistes wird es kein Wachstum der authentischen Beziehungen geben.

Die Ideen, die wir über wie authentische Beziehungen sein sollten, entsprechen nicht der Wahrheit oder der Realität, sondern sind Theorie. Damit Ideen zu Fakten werden, sollten sie von Moment zu Moment, im Hier und Jetzt, im Alltag direkt erlebt werden?

Ishvara: Das sind die Grundlagen für eine authentische Beziehung, auf der ihr in Zukunft eine Brücke bauen könnt.

Ist es möglich, dass wenn wir uns selbst und unseren alltäglichen Beziehungen verändern, dies auch über unsere enge persönliche Welt hinauswirkt?

Ishvara: Es wirkt sich auf das ganze Multiversum aus.

Wir werden also immer verantwortungsvoller, indem wir uns von dem involviert fühlen, was in unserem Leben geschieht. Also werden wir nicht nur losgelöste Beobachter dessen, was wir erleben, sondern auch Schauspieler?

**Ishvara*:* Ja, und so wird es keine Trennung mehr geben.

Erzeugt Trennung Konflikte und aus den Konflikten entsteht Stress?

**Ishvara*:* Ja, wenn man sich getrennt fühlt, beginnt der Stress.

Was stresst uns[5]

"Der Begriff Stress ist inzwischen alltäglich geworden. Selten findet man jemanden, der sich nicht als "gestresst" definiert. Tatsächlich scheint Stress jeden ein wenig zu betreffen, auch Kinder.

Stress wird auf verschiedene Weise gedeutet. Eine der Definitionen führt das Konzept der "Alarmreaktion" ein und betrachtet Stress als eine Überreizung, was die Existenz eines "kritischen Niveaus" mitzieht, d.h. dass die maximale Schwelle, der physiologische Kompensationsmechanismen ertragen wurde. Der Stress innerhalb einer allgemeinen und einheitlichen Theorie der Entstehung der Krankheit, wird als folgendes gesehen "die unspezifische Antwort des Organismus auf jede Nachfrage die gestellt wurde":

---

[5] https://www.angelini.it/wps/wcm/connect/it/home/patologie-e-cure/ansia-e-depressione/patologie/lo-stress/come-nasce-lo-stress

d.h., dass Folge einer extrem breiten Vielfalt von Stimulationen, die das innere Gleichgewicht des Organismus gestört haben könnten.

Wir glauben, dass Stress einer der schädlichsten Faktoren für unsere Gesundheit ist? Was könntest du uns dazu sagen?

Ishvara: Lernt, inneren Frieden zu kultivieren.

Wie?

Ishvara: Mit allem, was euch beruhigt.

Wenn wir Schlaftabletten nehmen, wäre das okay?

Ishvara: Ja, wenn ihr keine andere Wahl habt.

Da Schlaftabletten Kontraindikationen haben, was können wir gegen Stress sofort und effektiv tun und das weniger Kontraindikationen hat?

Ishvara: Lernt besser zu atmen.

Wenn wir unter Stress stehen, wie können wir die Atmung verbessern, ohne einen Yoga- oder Pranayama-Kurs besuchen zu müssen?
Ishvara: Beginnt, indem ihr euren Atem für kurze Zeit anhaltet und das wird euch beruhigen.

Die meisten Menschen sind mit ihrer Arbeit nicht zufrieden und dies ist eine der Hauptursachen für Stress. Darüber hinaus ist die Arbeit in einem wettbewerbsorientierten Umfeld, in dem authentische Beziehungen wenig Platz haben, ein weiterer Faktor, der sich negativ auf die Gesundheit auswirkt. Daher leiden viele unter Schlaflosigkeit, Angst, Wut, Gewalt, die zu Burnout führen können. Es scheint unmöglich zu sein, aus diesem Teufelskreis herauszukommen, wenn wir keine wichtigen

Entscheidungen treffen, die uns helfen könnte, unser Leben zum Besseren zu verändern.

Was können wir einer Person raten, die die Arbeit, die sie verrichtet, nicht mag und die sich nicht in der wirtschaftlichen Lage befindet, sie ändern zu können?
Ishvara: Entdeckt zuerst, was ihr im Leben liebt und lernt euch immer besser kennen.

Was ist, wenn wir nicht einmal Zeit haben, darüber nachzudenken, was wir gerne tun würden?
Ishvara: Findet heraus, was ihr ändern könnt.

Was ist, wenn wir nicht einmal die Zeit oder die Kapazität dafür haben?
Ishvara: Dann bleibt nichts anderes mehr übrig, als um die göttliche Gnade zu bitten.

Leider gibt es auch Menschen, die nicht zum Beten kommen und am Ende nach einer tiefen Depression Selbstmord begehen. Warum hat die göttliche Gnade sie nicht gerettet?

Ishvara: Was die göttliche Gnade bewilligt, kann auch ein Opfer irdischen Lebens sein.

Ist das nicht etwas Grausames?

Ishvara: Grausamkeit ist auch Teil des kosmischen Spiels, das Illusion und daher vergänglich ist.

Ob Illusion oder nicht, es bleibt uns nichts anderes übrig, als das zu akzeptieren, was wir nicht ändern können, und wenn wir es geschafft haben an diesen Punkt zu gelangen, ändert sich etwas, weil wir uns endlich unserem Schicksal hingeben?

Ishvara: Akzeptiert euch selbst als das, was ihr seid, und überlasst euch sanft dem göttlichen Willen, was auch immer er sein mag.

Wenn wir anfangen uns selbst für das, was wir sind zu akzeptieren, beginnen wir uns zu entspannen und dies bringt uns, in einer gewissen Weise, inneren Frieden?
Ishvara: Ja, die Konflikte lassen nach.

Und so lösst sich auch der Stress auf?
Ishvara: Ja.

Aber wenn wir uns nicht einmal als das was wir sind, akzeptieren können, was bleibt uns übrig?
Ishvara: Jeder hat sein eigenes Schicksal.

Wir können unser Schicksal immer ändern, da wir Entscheidungsfreiheit haben, aber wir haben nicht immer die Willenskraft, es zu tun, warum?

Ishvara: Da ihr eure Zukunft nicht absolut kennt, ist es eure Möglichkeit, sie zu ändern.

Wird die Möglichkeit etwas zu ändern von unseren Ängsten, dass wir es nicht schaffen, gebremst?

Ishvara: Die wirkliche Veränderung ist die nicht gewollte.

Was meinst du mit nicht gewollt?

Ishvara: Solange ihr euch ändern wollt, befindet ihr euch in einem Konflikt.

Wenn wir uns immer noch in einem Konflikt befinden, bedeutet das, dass wir unser Schicksal nicht wirklich akzeptiert haben?

Ishvara: Ja, ihr lebt in dem Konflikt, dass ihr anders sein wollt als das, was ihr seid.

Die Gesellschaft verlangt oft, dass wir anders sind als das was wir wirklich sind. Sie konditioniert uns und es scheint auch, dass sie uns zwingt, uns an das System anzupassen, sonst laufen wir Gefahr, ausgeschlossen zu werden. Wie können wir uns selbst sein, wenn die Gesellschaft uns daran hindert?

Ishvara: Deshalb ist eine innere Revolution notwendig.

Meinst du mit innerer Revolution, gegen das System zu kämpfen?

Ishvara: Nein.

Also meinst, dass wir nicht darauf warten sollten, dass sich andere oder die Gesellschaft ändert, sondern wir bei uns selbst beginnen sollten?

Ishvara: Ja, ihr seid die Gesellschaft und wenn ihr euch selbst verändert, verändert sich auch die Gesellschaft.

Wenn wir uns selbst ändern müssen, um die Gesellschaft ändern zu können, was meinst du mit „die wahre Veränderung, ist die nicht gewollte"?

Ishvara: Wenn Veränderung in der Stille des Geistes Wurzeln schlägt.

Wahre Veränderung findet in der Stille des Geistes statt. Wie kann ich einen stillen Geist in einer sehr lauten und hektischen Gesellschaft finden?

Ishvara: Ich gebe euch ein Mantra, das euren Geist beruhigen wird.

Braucht ein stiller Geist weniger Stunden Schlaf?

Ishvara: Ja, je mehr der Geist in Harmonie ist, desto weniger Energie wird in Konflikten verschwendet und nachts wird weniger Erholungszeit benötigt.

Reicht es aus, dein Mantra Om Namo Ishvaraya Namaha zu wiederholen, um die innere Revolution durchzuführen?

Ishvara: Das Mantra wird das tun, was ihr nicht tun könnt, indem es Hindernisse beseitigt.

Wie kann ein Mantra Hindernisse beseitigen?

Ishvara: Es überdeckt die Gedanken.

Was passiert in unserem Leben, wenn die Hindernisse beseitigt worden sind?

Ishvara: Jeder wird seine eigenen Veränderungen erleben.

Diese Veränderungen könnten uns destabilisieren, uns erschrecken und in alte Muster und Ängste zurückführen. Was kann uns helfen, nicht zurückzufallen?

Ishvara: Es ist menschlich, nachzugeben und göttlich, aufzustehen und vorwärts zu gehen.

Wie können wir aufstehen und wohin gehen wir?

Ishvara: Wiederholt das Mantra und das Leben selbst wird euch führen.

Werden wir uns in einem Leben wiederfinden, das uns immer mehr gefallen wird?

Ishvara: Ja.

An diesem Punkt erkennen wir, dass wir nicht nur den Stress bewältigen, sondern unser ganz neues Leben harmonischer führen können dank des Mantras und des stillen Geistes?

Ishvara: Ja, das Mantra hilft euch, während der Veränderung zentriert zu bleiben.

Das Mantra ist also ein gutes Gegenmittel gegen Stress und hat keine Kontraindikationen?

Ishvara: Ja, und es ist kostenlos.

Was kann uns helfen, nicht in das alte Muster zurückzufallen und während der Veränderung immer motiviert zu bleiben?

Ishvara: Vertreibt solche Gedanken und ersetzt sie durch ein Mantra oder etwas anderes.

Was meinst du noch?

Ishvara: Jeder wird seine eigenen Techniken haben.

Was ist die Grundlage aller Techniken?

Ishvara: Überzeugungen konditionieren euch auch darin.

Könntest du es mit anderen Worten erklären?

Ishvara: Ihr wählt die Technik je nach eurer Erfahrung.

Unser Leben erzeugt Überzeugungen und aus diesen Überzeugungen entstehen unsere Konditionierungen?

Ishvara: Ja, ihr seid eure Vergangenheit.

Wie können wir Techniken wählen, die nicht von der Vergangenheit und unseren Überzeugungen abhängig sind?

Ishvara: Wenn ihr eurer Konditionierung bewusst werdet, werdet ihr sie loswerden, und ihr werdet die richtigen Entscheidungen treffen.

Basiert jede Konditionierung auf falschen Überzeugungen?

Ishvara: Nein.

Warum falsche Überzeugungen die Langlebigkeit beeinflussen können

Trotz der kognitiven Revolution, die durch die wissenschaftliche Methode initiiert wurde, gibt es eine Kontinuität falscher und widersprüchlicher Überzeugungen in den Köpfen von uns allen. Tatsächlich scheint es, dass Überzeugungen zu unserem Denkstil gehören. Falsche Überzeugungen über unsere Gesundheit können zerstörerische Folgen für unseren Körper haben.

Wir alle können von einer unglücklichen Diagnose oder hochriskanten Krankheit oder Tod betroffen sein. Das gilt auch für diejenigen, die seit ihrer Kindheit unbewusst einschränkenden Überzeugungen wie "Meine Gesundheit ist sehr fragil", "Ich bin zerbrechlich" oder "in meiner Familie gab es zahlreiche Fälle von Krebs" einprogrammiert bekommen haben. All diese Gedanken legen den Fokus auf die Krankheit und dies prädisponiert sie. Je mehr ihr euch auf die unendlichen Möglichkeiten, wie euer Körper schwächer werden könnte, konzentriert, desto wahrscheinlicher wird es sein, diese körperlichen Symptome zu haben. Aber es ist ebenso möglich, dass eine Kombination von positiven Überzeugungen die natürlichen Selbstreparaturmechanismen des Körpers aktivieren kann, die zur Heilung führen.

Becca[6] Levy untersuchte, wie sich unsere Überzeugungen über Langlebigkeit auf die

---

[6] *Becca R. Levy ist Professorin der Epidemiologie (Sozial- und Verhaltenswissenschaften) an der Yale School of Public Health und Professorin der Psychologie an der Yale University. Sie ist eine führende Forscherin auf dem Gebiet der sozialen Gerontologie und der Psychologie des Alterns. Sie forschte Grundlagen, wie Selbststereotypen funktionieren und wie ältere Menschen beeinflusst werden und ihre Gesellschaft beeinflussen können.*

tatsächliche Dauer unseres Lebens auswirken kann. Laut Becca sind die Menschen, die am längsten leben, die Menschen, die glaubten, dass ihr Leben lang sein würde.

Natürlich ist positives Denken nicht der einzige Faktor. Unfälle passieren, genetische Risikofaktoren können die Gesundheit beeinträchtigen und sogar positiven Menschen können ungünstige Dinge passieren. Aber Studien zeigen, dass, selbst wenn diese Dinge nicht verhindert werden können, was wir glauben, vor allem, was wir fürchten, eine Tendenz hat, sich in der Realität zu manifestieren, weil negative Überzeugungen unseren Körper mit schädlichen Substanzen wie Cortisol erkranken lassen können, hingegen positive Überzeugungen unser

Nervensystem entspannen und unseren Körper heilen lassen."[7]

Was ist ein falscher Glaube?
Ishvara: Das Hören sagen.

Das Hören sagen ist in der Gesellschaft sehr verbreitet und aus diesem Grund entstehen oft Missverständnisse. Warum nehmen wir das Hörensagen zu leicht an?
Ishvara: Weil ihr nicht genug nachforscht.

Wie können wir einer so stressigen Welt nachforschen, in der wir ständig mit Informationen bombardiert werden und nicht wissen, wo wir die Wahrheit überprüfen können?

---

[7] https://www.generazionebio.com/notizie/4861-pensieri-negativi-danneggiano-salute.html

Ishvara: Indem ihr die Natur eures Geistes untersucht.

Was ist die Natur unseres Geistes?

Ishvara: Findet heraus, wer ihr von Moment zu Moment seid.

Wie finden wir heraus, wer wir sind?

Ishvara: Seid euch bewusst, was ihr innerhalb und ausserhalb von euch selbst seid.

Was bedeutet das zu sein, was wir innerhalb und ausserhalb von uns selbst sind?

Ishvara: Zu beobachten was in eurem Geist und ausserhalb von euch passiert.

Was bedeutet es, sich dessen bewusst zu sein?

Ishvara: Beobachtet, wie euer Geist reagiert.

Wer oder was beobachtet den Geist?

Ishvara: Die innere Stille.

Sind wir also die innere Stille?

Ishvara: Ja.

Ist die innere Stille das Gegenteil des Geistes?

Ishvara: Nein.

Wer ist dann das Gegenteil des Geistes?

Ishvara: Der Geist lügt, also sind auch die Gegensätze falsch.

Welche Form hat also die innere Stille?

Ishvara: Die Stille hat die Form des unendlichen Raumes.

Was meinst du mit unendlichem Raum?

Ishvara: Das grenzenlose universelle und unpersönliche Bewusstsein.

Aber selbst daran zu glauben, ist auch eine Überzeugung?

Ishvara: Ja, solange es keine Tatsache ist.

Was ist eine Tatsache? Die Erfahrung? Etwas, das ich berühren kann? Etwas, das früher metaphysisch und nun wissenschaftlich bewiesen wird? Wie kann ich die innere Stille berühren, wenn es keine Materie ist? Wie kann ich die Erfahrungen aus erster Hand machen? Erspüren?

Ishvara: Die Stille ist immer vorhanden, auch wenn ihr mit dem Körper und dem Geist nicht da seid.

Also ist die Stille immer eine Tatsache?

Ishvara: Ja, weil sie immer präsent ist.

Solange wir nicht die direkte Erfahrung der inneren Stille erfassen können, können wir es einfach nur glauben?

Ishvara: Ja, und wenn ihr erkennt, wer dem Glauben vorausgeht, werdet ihr die Stille erleben können.

Und es braucht Jahre der Praxis, um herauszufinden, wer oder was dem Glauben vorausgeht?

Ishvara: Nein, die Entdeckung oder Erkenntnis findet sofort statt.

Da der Geist nicht in der Lage ist, den Geist dazu zu bringen, die direkte Erfahrung der inneren Stille zu machen, bleibt also die Stille selbst ein einfacher falscher Glaube?

Ishvara: Ja, weil man auf mentaler Ebene bleibt.

Könnte sich sogar ein wahrer Glaube in einen falschen umwandeln? Das Ishvara-Mantra, das in der Vergangenheit z.B. ein wahrer Glaube war, könnte sich jetzt in einen falschen verändern, aufgrund der Erfahrungen, die im Laufe der Zeit mit dem Mantra gemacht wurde?

Ishvara: Das Falsche gehört zur Vergangenheit und das Wahre ist die Erfahrung des Augenblicks.

Gehört also jeder Glaube der Vergangenheit an?

Ishvara: Ja.

Ist jeder Glaube falsch, positiv oder negativ?

Ishvara: Ja, denn jeder Glaube ist eine Idee und keine Tatsache.

Könnte uns ein falscher Glauben wie „ich leben in Mangel" mit einem neuen „ich bin Fülle" ersetzt werden?

Ishvara: Ja, das ist ein guter Anfang.

Zu glauben, dass wir immer bei guter Gesundheit sind und dass wir ein langes Leben haben werden, wie Becca Levy argumentiert, können positive Auswirkungen auf die Langlebigkeit haben?

Ishvara: Ja.

Aber sollte das ultimative Ziel nicht darin bestehen, jeden Glauben zu überwinden?

Ishvara: Ja.

Welchen Nutzen kann all dies im Zusammenhang mit dem Glauben der Langlebigkeit haben?

Ishvara: Ihr werdet feststellen, dass ihr nicht langlebig seid, sondern sogar ewig.

Somit werden unsere Körper immer länger leben, aber wir sind immer, die die sie bezeugen, nämlich ewig?

Ishvara: Ja.

Die Langlebigkeit, eine stille Revolution [8]

"Das Altern ist ein Prozess, der alle lebenden Organismen betrifft und beim Menschen Veränderungen im Körper und seinen Funktionen mit sich bringt; das Phänomen ist schrittweise und progressiv, wenn auch variabel für jeden Einzelnen. Es gibt Schwierigkeiten, den Beginn des Alterungsprozesses zu etablieren; Biologisch gibt es eine allgemeine Verringerung der Anzahl der Zellen und eine Abnahme der funktionellen Effizienz, begleitet von organischen Veränderungen und Veranlagung für eine Reihe von Störungen.

Anatomisch-pathologische Studien am Gehirn haben gezeigt, dass es im Alter progressive Sklerose gibt, obwohl es Fälle gibt, in denen es keine Veränderungen des Gehirns gibt und eine Wiederherstellung der

---

[8] http://www.ilpiacenza.it/economia/longevita-tra-genetica-e-stile-di-vita.html

Funktionen durch einen Prozess der synaptischen Aktivierung, synaptogenese genannt als möglich angesehen wird.

Jüngste Forschungen haben herausgefunden, wie die Langlebigkeit einer Person berechnet werden kann, indem die Geschwindigkeit gemessen wird, mit der ihr DNA altert. Die Studie bezieht sich auf den Genetiker Steve Horvath von der University of Los Angeles, der an den genetischen Daten von mehr als 13.000 Menschen arbeitete. Es hat sich herausgestellt, dass ein Individuum mit einem hohen biologischen Alter, messbar durch die Analyse seiner DNA, ein hohes Risiko für einen vorzeitigen Tod haben wird, der unabhängig von seinem Geburtsdatum ist. Gene bestimmen jedoch nicht alles und die genetische Veranlagung zur Langlebigkeit wird aufgehoben, wenn keine gesunden Verhaltensweisen angenommen werden. Rauchen, Alkohol, sitzender Lebensstil,

Exposition gegenüber chemischen Schadstoffen und Strahlung annullieren positive Einflüsse von Genen und verkürzen das Leben.

Wissenschaftlern zufolge liegt die Chance auf ein langes gesundes Leben bei 70 % und geht von den Gewohnheiten aus, die wir übernehmen und unabhängig von unserem genetischen Erbe sind. Bewegung erhöht auch die Stimmung und hilft, Gehirnfähigkeiten trainiert zu halten. Italiener gehören zu den Völkern der Welt, die nach Angaben des Jahresberichts 2015 der Weltgesundheitsorganisation mit größerer Wahrscheinlichkeit länger leben. Italien liegt an zweiter Stelle was die Lebenserwartung anbelangt, neben San Marino, Spanien, der Schweiz und Singapur, wobei Japan an erster Stelle ist.

Gelehrte der Mechanismen der Langlebigkeit suchen "das Gen der Jugend"; bis jetzt haben sie es noch nicht gefunden, sondern die Mechanismen entdeckt, die das Altern initiieren und die nützlichen Methoden, für die Lebensdauer von Zellen verlängern. Die Lebensjahre der Eltern und der nächsten Angehörigen sind ein nützlicher Indikator für die Wahrscheinlichkeit länger zu leben; die Brüder und Kinder der Hundertjährigen, leben meist über den Durchschnitt.

Um das Langlebigkeitsgen aufzufinden, analysierten Forscher der Stanford University und der University of California die Genome von 17 der 74 Menschen, die zum Zeitpunkt der Forschung über 110 Jahre alt waren; aus der Untersuchung ergab sich, dass keine einzelne Genvariante unter den Supercentenarians etwas gemeinsam hatten. Aber selbst, wenn es kein spezifisches "Longevity-Gen" gibt, können doch kleine Unterschiede in der Abfolge bestimmter Gene das

Altern fördern oder benachteiligen. Die genetische Komponente wurde durch multizentrische Studien analysiert, die 281 Genmutationen identifizierten, die Vorhersagen über die Langlebigkeit einer Person machten.

Unter den genetischen Varianten, die Langlebigkeit fördern können, gibt es auch diejenigen, die Telomere regulieren, DNA-Schutzstrukturen, mit denen die Alterungsprozesse eng miteinander verbunden zu sein scheinen. Telomere sind die Schutzhaube am Ende der Chromosomen, die dazu dienen, die DNA intakt zu halten und zu verhindern, dass sie sich in der Zellduplizierung ändern. Wenn die Telomerlänge unter einen kritischen Schwellenwert fällt, der als "Hayflick-Grenze" bezeichnet wird, von der angenommen wird, dass sie zwischen 50-70

Zellteilungen liegt, werden die Zellen Seneszenz und die Zellteilung wird gestoppt.

Jüngste Forschungen haben auch gezeigt, dass verschiedene Faktoren, wie Stress und Depression, zu Telomerverkürzung führen führen können, vorzeitige Alterung verursachen und die Lebensdauer tiefgreifend beeinflussen. Forscher der Indiana University School of Medicine und des Scripps Research Institute konnten eine Reihe von Genen identifizieren, die den Einfluss von Reaktionen auf Stimmungsstabilität und Stress in Bezug auf Langlebigkeit zu kontrollieren scheinen. Menschliche Tests deckten 347 Gene auf, die mit depressiven Symptomen assoziiert waren, und Bluttests fanden eine erhöhte Aktivität des ANK 3-Gens bei älteren Menschen oder Personen mit schweren

Depressionen. Eine Reihe von Verbindungen können auf diese Gene wirken und die Langlebigkeit fördern: Omega 3, DHA-Fettsäuren (Docosaesaensäure), Piracetam, Quercetin, Vitamin D, Resveratrol, ähnliche Östrogenverbindungen, Antidiabetika, Rapamycin (Immunsuppressivum)."

"Wer keine Angst vor Falten, weißen Haaren und Beschwerden hat, lebt länger. Lebensbejahend über das Alter nachzudenken, verlangsamt das Altern, was für diejenigen, die sich hingegen ständig darum kümmern, eher beschleunigt. Die Macht über das "positive Denken" ist eine amerikanische Studie, die im Journal of Personality and Social Psychology veröffentlicht wurde. Selbst gegenüber Jahren, die unerbittlich waren, kann eine optimistische Einstellung, die Lebensdauer verlängern - sagen Forscher an der Yale University in Connecticut. Man sollte jedoch nicht rauchen und regelmäßig Sport treiben."[9]

Ist es möglich, die Alterung des Körpers zu verlangsamen?
Ishvara: Ja.

Und wie?
Ishvara: Mit euren Heiltechniken.

Es gibt viele Heiltechniken und was haben sie mit der Langlebigkeit gemeinsam?
Ishvara: Die Tatsache, dass die Zellalterung verlangsamt werden kann.

---

[9] https://www.repubblica.it/salute/medicina-e-ricerca/2018/11/09/news/la_longevita_dipende_meno_del_10_da_geni_degli_antenati-211202846/

Der Geist, der still wird, verändert sein Paradigma in Richtung Leben. Dies führt dazu, dass, wenn sich die Gehirnzellen bisher in einer bestimmten Weise verhielten, mit dem Paradigmenwechsel auch die Gehirnzellen regenerieren könnten?

Ishvara: Ja, die Meditation kann alle Zellen des Körpers regenerieren.

Gibt es eine bestimmte Meditationstechnik oder sind sie alle gut, um alle Zellen im Körper zu regenerieren?

Ishvara: Je öfters ihr im Alltag meditiert, desto mehr regeneriert ihr euch.

Könntest du uns ein weiteres Beispiel geben als das Mantra?

Ishvara: Positives Denken und Atmen.

Könntest du uns eine einfache und effektive Atemtechnik mit einer täglichen Affirmation geben?

Ishvara: Einatmen und Om Namo mental rezitieren und während der Ausatmung Ishvaraya Namaha mental wiederholen.

Könnte die Meditation, ausser der Verlangsamung des zellulären Abbaus, auch die Reaktivierung von Zellen fördern, die im Laufe der Zeit verkümmert waren? Würde nicht nur das Altern verlangsamen, sondern sogar eine zelluläre Verjüngung statfinden?

Ishvara: Ja, Zellen werden geboren und sterben zu jeder Zeit.

Die neugeborenen Zellen hätten dann neue Informationen, die das Altern verlangsamen würden?

Ishvara: Ja.

Bedeutet dies, dass wir uns verjüngen und damit das Leben verlängern können?

Ishvara: Ja, es gibt dazu Beispiele in der Menschheitsgeschichte.

Woher kommt das Bedürfnis des Menschen, das Leben verlängern zu wollen?

Ishvara: Aus der Angst vor dem Tod.

Warum hat der Mensch so grosse Angst zu sterben?

Ishvara: Weil er glaubt, dass er nur ein physischer Körper ist.

Warum ist das Leben so wichtig?

Ishvara: Weil ihr euch damit identifiziert.

Was ist also der Sinn des Lebens?

Ishvara: Die Bedeutung gebt ihr je nach euren Eigenschaften.

Bedeutet dies, dass unser Leben aus der Perspektive des Absoluten keinen Sinn hat, außer dem, was wir ihm geben?

Ishvara: Wenn ihr das tun würdet, wäret ihr glücklicher, wenn ihr ans sterben denken würdet.

Aber warum sollten wir uns freuen, wenn wir an den Tod denken?

Ishvara: Weil ihr sicher seid, dass ihr nach Hause zurückkehren werdet.

Willst du uns damit sagen, dass wir in Wahrheit das ewige zuhause nie verlassen haben?

Ishvara: Ja.

Wenn wir mit Gewalt sterben, körperliche Schmerzen empfinden, unsere Sinne verlieren, tritt die Seele aus dem Körper, um Schmerz zu vermeiden?

Ishvara: Der Körper erträgt nur eine gewisse Menge an Schmerzen.

Und was macht die Seele?

Ishvara: Sie begibt sich in eine andere Bewusstseinsebene.

Auch nur für kurze Zeit?

Ishvara: Ja, die Bewusstseinsebenen sind miteinander verflochten.

Die Seele hat also den Körper nicht vollständig verlassen, einen Fuss in eine andere Bewusstseinsebene gelegt, um dann zum Körper zurückzukehren, ist das eine Nahtoderfahrung?

Ishvara: Ja, die Grenzen sind nicht linear.

Wer oder was finden wir im Jenseits, wenn wir sterben?

Ishvara: Jeder wird entsprechend dem evolutionären Prozess der Seele verschiedene Bewusstseinszustände erfahren.

Sind diese Erfahrungen, die einige Menschen, die Nahtoderfahrungen gemacht haben wie z.B. von Lichtern oder verstorbenen Angehörigen, die gekommen sind, um sie abzuholen, zuverlässig?

Ishvara: Ja, das sind einige Beispiele.

Aber macht es dann Sinn, zu versuchen, das Leben zu verlängern?

Ishvara: Auch das ist subjektiv, und nicht jeder ist daran interessiert.

Könnte ein gesunder Körper und Geist nicht nur die Langlebigkeit fördern, sondern auch dem evolutionären Prozess der Seele helfen?

Ishvara*: Ihr habt den Sinn des Lebens entdeckt.

Warum kann ein gesunder Körper und Geist dem evolutionären Prozess der Seele helfen?

Ishvara*: Weil ihr den spirituellen Weg besser erfüllen könnt, wenn ihr gesund seid.

Wie lange können humanoide Außerirdische, die uns ähnlich sind, leben?

Ishvara*: Sogar Tausende von Jahren.

Sie haben also eine höhere Chance, das Selbst zu verwirklichen?

Ishvara*: Es kommt nicht so sehr auf die Länge des Lebens an, sondern darauf, was damit gemacht wird.

Auch wenn wir nicht so lange auf der Erde leben, ist es einer der Orte, an denen wir uns am meisten entwickeln können?

Ishvara: Ja, aber denkt immer daran, dass es die Qualität ist, die den Unterschied bei der spirituellen Reise ausmacht.

Warum ist nicht jeder daran interessiert, sich weiterzuentwickeln, einige scheinen sich sogar zurückzuentwickeln?

Ishvara: Man entwickelt sich nicht zurück, sondern geht nur im Evolutionsprozess voran.

Also, wenn wir uns nicht zurückentwickeln, ist es nur eine Frage, wie weit wir vorangehen, und wie weit wir uns entwickeln?

Ishvara: Ja, die ganze Schöpfung ist in einem Prozess des Werdens.

Wenn jemand eine so schwere Handlung ergangen ist, die ein extrem negatives Karma geschaffen hat, bedeutet das nicht, dass er sich zurückentwickelt hat.

Ishvara: Karma ist ein evolutionärer Prozess, der immer vorwärts geht.

Was meinst du mit Evolutionsprozess?

Ishvara: Den spirituellen Weg, den die Seele gehen muss, um das Selbst zu verwirklichen.

Was ist die Beziehung zwischen dem evolutionären Prozess und den Bewusstseinszuständen?

Ishvara: Sie ermöglichen den evolutionären Prozess.

Nicht die Bewusstseinsebene ist wichtig, in der wir uns befinden, sondern der spirituelle Weg, da hat jeder seinen eigenen evolutionären Rhythmus?

Ishvara: Genau, deshalb sollte jeder Moment voll gelebt werden.

Ist es also der spirituelle Weg, der es uns ermöglicht, die Fülle des Lebens zu erreichen?

Ishvara: Ja, nur dann werdet ihr in der Glückseligkeit des Seins sein.

Wird ein gesundes und langes Leben, das auf spirituelle Suche ausgerichtet ist, uns mehr Möglichkeiten geben, das Selbst verwirklichen und die Glückseligkeit des Seins erreichen zu können?

Ishvara: Ja, das ist das ultimative Ziel.

Aber nicht alle interessieren sich für Langlebigkeit und den spirituellen Weg?

Ishvara: Jeder hat seine eigene Werteskala.

Was definiert unsere Werteskala?

Ishvara: Was euch am wichtigsten ist.

Wie können wir das Interesse wecken, uns weiterentwickeln zu wollen?

Ishvara: Mit der Kommunikation und mit Fakten.

Wie können wir mit den Fakten beweisen, dass wir uns weiterentwickelt haben?

Ishvara: Indem ihr immer mehr Verantwortung für eure Gesundheit und euer Leben übernimmt.

Was sind die wichtigsten Faktoren für die Erhaltung der Gesundheit?

Ishvara: Entscheidende Faktoren sind der Versuch, einen heiteren Geist, einen gesunden Körper und die Freude am Leben zu haben.

Meinst du mit einem gelassenen Geist haben, einen Geist, der gegenüber äusseren Situationen immer ruhig bleibt?

Ishvara: Ja.

Was können wir noch tun ausser ein gutes Beispiel zu sein, um einer anderen Person helfen zu können, seine Gesundheit zu erhalten?

Ishvara: Techniken zu entwickeln, die in dieser Hinsicht helfen können.

Ishvara Healing Meditation

Die Ishvara Healing Meditation ist eine intensive und tiefgründige Erfahrung, in der Ishvaras Mantra, Energiearbeit, intuitive Massagen, Gebete, positive Affirmationen, Stimmarbeit begleitet von einigen therapeutischen Musikinstrumenten, verwendet werden, um Körper, Geist und Seele zu harmonisieren. All dies hilft auch, die inneren Energien, die subtilen Körper und die beiden Gehirnhälften auszugleichen, indem Körperenergien bis hin zu einer zellulären Ebene gereinigt und vitalisiert werden. Dazu fügen wir Satsang mit Ishvara hinzu, mit dem wir herausfinden können, was hinter einer Krankheit oder einem gesundheitlichen Problem steckt. In dieser ganzheitlichen Reise werden mehrere Heilungsprozesse ausgelöst. Darüber hinaus könnt ihr wunderbare **innere Erfahrungen machen und die Glückseligkeit des Selbst** erfahren.

Warum sollte eine Person Ishvara Healing Meditation anstelle einer anderen Technik machen?

Ishvara: Es geht nicht darum zu sagen, welche Technik besser ist, sondern vielmehr zu verstehen und zu erfassen, welche Technik der göttliche Plan für eine Person bestimmt hat.

Aber nicht jeder ist in der Lage, die richtige Richtung zu finden oder zu erraten?

Ishvara: Zur richtigen Zeit wird es passieren.

Bedeutet dies, dass uns früher oder später immer ein Hinweis einfallen wird?

Ishvara: Natürlich, habt Geduld und Vertrauen.

Welcher Faktor ist entscheidend, der alle Techniken wirksam macht?

Ishvara: Die Liebe.

Was passiert während einer Ishvara Healing Meditation Sitzung?

Ishvara: Jeder wird auf verschiedene Weise Heilung erfahren.

Wie viele Sitzungen werden empfohlen? Oder könnte nur eine Sitzung ausreichen?

Ishvara: Es ist von Fall zu Fall anders.

Ist Ishvara Healing Meditation für alle Altersgruppen und Lebewesen geeignet?

Ishvara: Ja.

Kann es Kontraindikationen geben?

Ishvara: Nein.

Welche Fähigkeiten sollte eine Person haben um Ishvara Healing Meditation geben zu können?

Ishvara: Die Lehre kennenzulernen und zu vertiefen.

Auf welche Lehre beziehst du dich?
Ishvara: Auf Ishvaras Lehren.

Kann eine Person, die gesundheitliche Probleme hat, eine Ishvara Healing Meditation Sitzung ausführen?
Ishvara: Ja, die Absicht des Herzens zählt.

Kann die Heilkraft der Ishvara Healing Meditation auch auf Distanz oder online übertragen werden?
Ishvara: Ja. Überall gibt es subtile Energien.

Nach dem man sich zeitlich für die Fernbehandlung vereinbart hat, stellt sich der Kunde bequem an einem ruhigen Ort (zum Beispiel liegt er auf dem Bett seines Zimmers). Dann verwenden wir den Vor- und

Nachnamen, eventuell mit dem Geburtsdatum und Ort des Kunden oder sogar ein Foto und arbeiten so mit unserer Vorstellungskraft. Ist diese Vorgehensweise korrekt?

Ishvara: Ja, aber man sollte sich immer wieder von Zeit zu Zeit abstimmen.

Welche Eigenschaften sollte der Ort haben, wo wir diese Technik praktizieren? Sollte es ruhig, sauber, warm, gemütlich und geschützt sein?

Ishvara: Wichtig ist, dass sich jeder wohl fühlt.

Braucht es einen Massagetisch oder wäre es gut, auf einem einfachen Teppich zu arbeiten?

Ishvara: Die Person muss sich wohlfühlen, um sich entspannen zu können.

Empfiehlst du die Verwendung einer Kerze und eines Räucherstäbchens?

Ishvara: Ja, wenn es niemanden stört.

Was passiert auf subtiler Ebene, wenn der Praktizierende seine Hand auf die Person stützt oder nähert?

Ishvara: Energieflüsse fließen durch die Hände.

Welchen Einfluss haben diese Energieflüsse auf die Person, die die Behandlung erhält?

Ishvara: Es gibt mehrere heilende Effekte.

Zum Beispiel körperliche Krankheiten, die zurückgehen oder mehr psychisches Wohlbefinden?

Ishvara: Das ist richtig.

Woher kommen die Energieflüsse?

Ishvara: Sie werden von mir geleitet.

Helfen auch andere Meister und Wesen des Lichts während der Ishvara Healing Meditation im Heilungsprozess?
Ishvara: Ja, und von Zeit zu Zeit tauschen sie sich aus.

Hängt das von der Art der Arbeit ab, die getan werden muss?
Ishvara: Ja, jede Situation wird die notwendigen Wesen des Lichts anziehen.

Sollen diese Meister oder Wesen des Lichts vor jeder Heilungssitzung angerufen werden?
Ishvara: Da es immer anders ist, ist es nicht nötig sie anzurufen. Sie werden erscheinen, wenn es durch den göttlichen Plan bestimmt wird.

Kannst du uns bestätigen, dass die tiefste Heilwirkung rein energetisch und mit wenig bis gar keiner körperlichen Bewegung der Hände des Praktizierenden möglich ist?

Ishvara: Es hängt von Fall zu Fall ab, aber in der Regel ist es so.

Aborigine-Australier, wie im Buch beschrieben "und es wurde zwei Herzen genannt", machten Heilungen, indem sie mit dem kranken Teil sprachen und ihn einluden, voll funktionsfähig, in einem optimalen Zustand zurückzukehren. Glaubst du, dass auf eine ähnliche Weise, den kranken Teil durch Mantras, Gebete und Lieder geholfen werden kann?

Ishvara: Ja.

Welche Affirmation oder Überzeugung schlägst du vor um emotionale Konflikte wie ein Prostata-, Leber-, Vagina-Problem zu heilen?

Ishvara: Ich bin geheilt.

Um den Schmerz anzunehmen, sollte das Trauma wiedergelebt und dann losgelassen werden?

Ishvara: Ja, ihr lernt, immer mehr in den Schmerz einzutreten, bis er sich euch offenbart, und derselbe Akt wird zur Auflösung, zur Überwindung des Traumas führen.

Das Trauma zu erleben ist oft unangenehm. Gibt es eine andere Möglichkeit, den Schmerz aufzulösen, so dass wir den Schmerz nicht noch einmal erleben müssen?

Ishvara: Ja.

Wie?

Ishvara: Nur die göttliche Gnade wird etwas Leiden von euch verhindern können.

Was haltest du von halluzinogenen Pilzen, die in Mikrodosen zur Heilung eingenommen werden?
Ishvara: Der Schamane weiß, was zu tun ist.

Was ist der direkteste Ansatz für eine vollständige Heilung?
Ishvara: Es gibt nicht nur einen Ansatz.

Könnte Ishvara Healing Meditation ausreichen, um eine vollständige Genesung zu bekommen?
Ishvara: Natürlich.

Erzeugt ein traumatisches Ereignis, das von jemandem erlebt und im Körper aufgezeichnet und abgelagert wurde und eines Tages zu einer Krankheit werden könnte, falsche geistige Überzeugungen?

Ishvara: Ja, ihr seid die Frucht vergangener Erfahrungen.

Wie können wir mit einem traumatischen Ereignis am Besten umgehen?

Ishvara: Es in eine theatralische Szene umzusetzen oder die Idee davon vollkommen loszulassen.

Was versuchen wir zu heilen, wenn das Selbst jenseits von Körper und Geist ist?

Ishvara: Das Selbst erfordert keine Heilung.

Und so ist es nur der Geist und der Körper, die geheilt werden müssen, und nicht das, was wir sind: das Selbst, das Absolute?

Ishvara: Ja.

Was ist die Verbindung zwischen Körper und Geist mit dem Selbst?

Ishvara: Sie sind seine Manifestationen.

Was geschieht nach der Heilung aller Menschen auf der Erde?

Ishvara: Alles wird weitergehen, wie immer.

In welchem Sinne?

Ishvara: Es ist eine unmögliche Frage, weil es nichts mehr zu heilen gäbe und alles im Selbst wieder absorbiert würde.

Das was wir in dieser Zeit erleben, hängt mit dem Sinn zusammen, zu wissen, was wiederum unter der Herrschaft der Zeit steht. Wie können wir uns von der Zeit befreien und so die Ewigkeit erreichen?

Ishvara: Erkennt, dass ihr die Ewigkeit, die ihr sucht, bereits seid.

Wenn das Gefühl der Individualität verblasst ist, wird die Wahrnehmung, jenseits des Körpers zu sein, so erlebt, als ob jede Grenze so klein wäre, wie die Segnung einer Umarmung des ganzen Multiversums. Wer oder was erlebt das?

Ishvara: Das grenzenlose universelle und unpersönliche Bewusstsein.

Ist es richtig zu glauben, dass das universelle Bewusstsein, das alles durchdringt, keinen Verlust erleiden, geschweige denn etwas aus der Interaktion der Sinne gewinnen kann?

Ishvara: Ja, das universelle Bewusstsein durchdringt und transzendiert alles.

Solange wir uns mit dem Körper identifizieren, erleben wir Freude und Schmerz, auch wenn Bewusstsein universell ist und sich durch unseren Körper manifestiert, wie kann es den Zeugen, die erzeugte Tat und die Tat des Zeugens/Beobachtens geben, wenn wir uns in Anwesenheit des Bewusstseinssinnes befinden?

Ishvara: Ihr seid bereits das universelle Bewusstsein, aber die falsche Identifikation mit dem Körper und dem Geist hindert euch daran, euch im Selbst, im unbegrenzten universellen und unpersönlichen Bewusstsein wiederzuerkennen.

Was in diesem Moment sowohl das Gefühl, ein unendlicher Raum und ein Körper zu sein bezeugt, stellt den wahren Zeugen dar, der nur das ewige Selbst ist?

Ishvara: Ja, das Selbst bezeugt sich selbst.

Wenn wir stabil im Hier und Jetzt zentriert bleiben, ernten wir all die Liebe, die überall verteilt und verstreut ist. Wird es diese Liebe sein, die sich um uns kümmern wird?

Ishvara: Ja, und ihr werdet eine vollkommene Hingabe erleben.

Diese Liebe ist manifest als auch universell, daher ist sie auch in diesem Moment gegenwärtig. Welche Eigenschaften charakterisieren Körper und Geist, die für diese Liebe am charakteristischsten sind?

Ishvara: Körper und Geist werden nicht getrennt sein, Frieden und Stille werden herrschen.

Abschluss

Ishvara Healing Meditation wird euch bei der Umwandlung in ein neues Leben und in einen neuen Menschen unterstützen.

Bibliografia

https://www.lastampa.it/cultura/2012/02/16/news/il-segreto-di-okinawa-br-l-isola-dove-si-vive-fino-a-cent-anni-1.36500997

http://www.absurdityisnothing.net/2010/03/il-mistero-di-li-ching-yun-luomo-che-visse-256-anni/

https://www.wired.it/attualita/2016/11/26/malattie-croniche-diffuse/

https://francescominellipsicologo.it/solitudine-interiore/

https://www.angelini.it/wps/wcm/connect/it/home/patologie-e-cure/ansia-e-depressione/patologie/lo-stress/come-nasce-lo-stress

https://www.generazionebio.com/notizie/4861-
pensieri-negativi-danneggiano-salute.html

http://www.ilpiacenza.it/economia/longevita-tra-
genetica-e-stile-di-vita.html

https://www.repubblica.it/salute/medicina-e-
ricerca/2018/11/09/news/la_longevita_dipende_me
no_del_10_da_geni_degli_antenati-211202846/

Biografie

Ishvara

Ishvara repräsentiert die Schutzengel, die leitenden Geistwesen und alle Manifestationen und stellt zugleich alles das dar, was jenseits der Manifestation ist. Und von ihrer Vereinigung her erblüht Gott, das Absolute, das unbegrenzte universelle und unpersönlich Bewusstsein, die Eins, die Leere und die LIEBE.

Im Sanskrit-Glossar (alte Sprache Indiens) finden wir die folgende Definition von Ishvara: das universelle Prinzip jeder Manifestation.

Ausgehend von Bhagavadgita wird Ishvara den Titel "Oberster persönlicher Gott" gegeben und wird daher in der postvedischen Periode verwendet, um die verschiedenen Namen der Gottheiten zusammenzufassen.

Ishvara kontaktierte Therry und Dawio am 29. Juni 2017 um 16:00 Uhr zum ersten Mal, um diejenigen zu unterrichten, die es gerne wünschen.

Maria Theresia Bitterli

Master of Art in Counseling, Bachelor in Kommunikationswissenschaft, imaginäre Konstellatorin und Counselor, Dramatherapeutin, Musiktherapeutin, spielt Harmonium und Harfe, Kunsttherapeutin, Reiki-Meisterin, Channelorin, Lichtheilerin und Medium, Yin Yoga- und AuyrYoga-Lehrerin, Yesudianisches und Schamanisches Yoga-Lehrerin, Astrologin, Heilpraktikerin, praktisches Psychologiestudium absolviert, spirituelle Researcherin, hat mit seiner Mann Dawio verschiedene Techniken des persönlichen und spirituellen Wachstums entwickelt, wie zum Beispiel

Ishvara Amrita Yoga, Relational Constellations, Zen-Satsang, kreative Zen-Malerei und Ishvara-Heilmeditation. Sie leitet mehrerer Gruppen für persönliches und spirituelles Wachstum und hat 20 Bücher veröffentlicht.

Dawio Bordoli

Schamanischer Yoga-Lehrer, imaginärer Konstellator, Musiktherapeut, spielt die 12-saitige Gitarre, Master Reiki, Channelor, Spiritueller Researcher, hat mit seiner Frau Maria Theresia verschiedene Techniken des persönlichen und spirituellen Wachstums entwickelt, wie zum Beispiel Ishvara Amrita Yoga, Relational Constellations, Zen-Satsang, kreative Zen-Malerei, Ishvara-Heilmeditation kreiert. Er leitet mehrerer Gruppen für persönliches und spirituelles Wchstum und Kirtan/Bhajan-Gruppen. Er hat 16 Bücher veröffentlicht.

FREIHEIT - LICHT – LIEBE